AF389832

QUESTION DE LA BOULANGERIE

DEUXIÈME NOTE EN RÉPONSE AU DEUXIÈME RAPPORT
DE M. LE CONSEILLER D'ÉTAT LE PLAY.

Paris, 22 décembre 1860.

A Son Excellence Monsieur le Ministre de l'Agriculture, du Commerce et des Travaux publics.

MONSIEUR LE MINISTRE,

Dans la Note que nous avons eu l'honneur de remettre, il y a quelques jours, à Votre Excellence, nous vous annoncions un travail supplémentaire sur le deuxième Rapport de M. le conseiller d'État Le Play.

Nous venons aujourd'hui vous soumettre ce travail.

Le deuxième Rapport de M. le conseiller d'Etat Le Play était de nature à vivement préoccuper les intérêts légitimes dont nous sommes les représentants. Il révèle en effet une modification assez grave dans les idées de M. le Rapporteur, qui, après avoir en 1859 conclu en faveur de l'organisation de la Boulangerie, se montre, en 1860, le partisan du régime de la liberté absolue.

Nous devions tout naturellement nous poser cette question :

Est-ce en 1859, ou bien est-ce en 1860 que l'éminent Rapporteur est dans le vrai ?

Comme les considérations générales tirées de l'économie politique n'ont pu varier, ce ne sont point ces considérations qui ont motivé dans les idées de M. le rapporteur la révolution que nous signalons à Votre Excellence.

Les causes du changement survenu, il faut les chercher dans les faits nouveaux qui ont pu se produire au cours des remarquables études faites sur cette grave question.

Le Rapport nous apprend que c'est à la suite d'un voyage en Angleterre et en Belgique, entrepris pour étudier la Boulangerie fonctionnant dans sa liberté à Londres et à Bruxelles, que sont nées les préférences pour la liberté absolue de notre industrie.

N'ignorant pas avec quelle loyauté les éléments du deuxième Rapport avaient été réunis, nous avons vu avec une profonde surprise ce Rapport rempli de démonstrations contraires à tout ce que l'expérience nous avait appris. Nous avons pensé que, pour savoir à quoi nous en tenir, il nous fallait suivre l'exemple qui nous avait été donné, et étudier la Boulangerie chez nos voisins.

Trois d'entre nous se sont rendus à Londres et à Bruxelles; ils ont examiné les choses de près, en hommes pratiques auxquels rien n'échappe dans les détails d'une profession qu'ils connaissent bien. Ils ont *vu* fabriquer et ont fabriqué eux-mêmes le pain dans plusieurs manutentions; ils ont fait des comparaisons précises; ils ont écrit sur place toutes les opérations de la fabrication, et ils ont consigné leurs études dans des notes dont nous venons aujourd'hui mettre sous vos yeux le résumé, et dont nous garantissons complétement l'exactitude et la sincérité.

Vous verrez, Monsieur le Ministre, que sur les principaux points nous nous trouvons en désaccord avec le Rapport, qui, monument remarquable de science élevée, pèche, à nos yeux du moins, très-gravement par la seule chose dont nous vous demandons la permission de revendiquer l'honneur modeste : *la pratique.*

Nous devons dire aussi, pour être justes, que les annexes du *deuxième Rapport* nous ont fourni sur un grand nombre de faits des renseignements conformes à ceux recueillis par nous. Mis en lumière sans préoccupation théorique et sans parti pris scientifique, ces renseignements conduiraient à des conséquences contraires à celles consignées dans le Rapport; mais pressés par le temps et désireux d'être lus, nous devons nous contenter des quelques réflexions qui suivent.

§ Ier — LA BOULANGERIE DE BRUXELLES

COMPARAISON AVEC LA BOULANGERIE DE PARIS

La boulangerie de Bruxelles n'a jamais été organisée.

Avant 1855 elle végétait sous un régime bâtard qui est condamné par tout le monde : le pain était *taxé,* mais les boulangers n'étaient pas *limités;* de telle sorte que la vente de chaque boulanger étant extrêmement restreinte et le bénéfice étant très-minime, la gêne était générale. C'est du milieu de ce triste état de choses que se sont élevées des réclamations ayant pour objet soit la suppression de la *taxe,* soit une réorganisation analogue à celle de Paris.

Nous n'avons pas besoin, Monsieur le Ministre, de démontrer une vérité économique bien connue, c'est que la *taxe ne peut exister sans avoir pour corollaire la limitation;* la taxe réduit le bénéfice du commerçant aux plus modestes proportions; mais la limitation a pour résultat de lui assurer une clientèle suffisante pour multiplier ce bénéfice jusqu'au prorata de ses besoins légitimes.

La taxe seule ayant momentanément existé à Bruxelles, ce serait donc une erreur considérable de dire, en comparant les effets produits par la liberté actuelle avec les effets produits par l'ancien système : la liberté vaut mieux que l'organisation.

M. Le Play, du reste, bien que n'en tirant pas les conséquences dans son Rapport, reconnaît l'exactitude de ce qui précède (à la page 227 des annexes), où il dit que, dès le début de la longue disette de 1853-1856, les boulangers « reproduisirent leurs réclamations avec une extrême vivacité, « et demandèrent, ou le retour à la taxe de 1842, *avec limitation du nombre* « *des ateliers,* ou *la suppression de la taxe,* c'est-à-dire l'entière liberté du « commerce de la Boulangerie. »

En cela ils avaient bien raison. Il n'est donc point étonnant qu'il n'existe pas à Bruxelles un seul partisan du système qui a précédé 1853. Les administrateurs bruxellois qui se figureraient avoir eu une Boulangerie organisée se tromperaient complétement, et leur conversion, rappportée par M. Le Play, constate seulement qu'ils sont revenus à des *idées justes,* sans rien prouver contre la réglementation.

Nous avons trouvé un peu flatté le tableau que fait M. le rapporteur de la situation des Boulangers de Bruxelles. *Le spectacle de ces tristes boutiques, où se vendent du pain et de l'épicerie, indique une industrie en retard et peu prospère.* En France, il faut aller dans les provinces les plus reculées pour trouver ces alliances qui choqueraient les yeux des Parisiens.

Quant aux regrets que témoigne le Rapport de ne pas nous voir vivre en famille avec nos ouvriers, ils nous semblent mal fondés; nos ouvriers, pas plus que nous, ne voudraient d'un état de choses qui n'est pas dans nos mœurs; la familiarité ferait d'ailleurs perdre au maître l'autorité qui lui est si nécessaire.

Il est un autre point que nous signalons également à votre examen.

Nous ne pouvons comprendre comment les frais généraux de la Boulangerie de Bruxelles seraient moins considérables, toute proportion gardée, que les frais généraux de la Boulangerie de Paris.

Frais généraux de la Boulangerie plus considérables à Bruxelles.

Il y a, à Bruxelles, un boulanger par 528 habitants à peu près ; ne semble-t-il pas évident que s'il y avait seulement un boulanger par 1,800 ou 2,000 habitants, l'ensemble des frais généraux serait moins considérable ?

M. le rapporteur cependant paraît penser le contraire.

Il nous reste à examiner de près l'allégation que le pain est à meilleur marché à Bruxelles qu'à Paris.

En fait, le 10 décembre 1860, le prix courant du quintal de farine était de 46 à 47 fr. — Le pain était vendu 44 centimes le kilogramme, — la moyenne de la prime de cuisson était donc, au profit du boulanger, de 10 fr. 20 c. le quintal ; elle n'est à Paris que de 7 fr.

En d'autres termes, *le sac de farine de 157 kilog., qui donne à Paris une prime de cuisson de 11 fr. donne à Bruxelles 16 fr. 01 c.*

Le pain est plus cher à Bruxelles qu'à Paris.

Nous affirmons donc que *c'est une erreur de soutenir que le pain est à meilleur marché à Paris qu'à Bruxelles.*

Au reste, M. Le Play reconnaît lui-même dans ses tableaux (publiés pages 18 et 21), que le *pain usuel,* qui représente à Paris 73 p. 100 de la consommation, et à Bruxelles 45 p. 100 seulement, *est vendu à Paris 2 centimes meilleur marché par kilogramme.*

Ce n'est donc, ainsi que nous avons tâché de vous le démontrer dans la note précédente, qu'à l'aide d'une combinaison de chiffres dont nous ne saisissons pas bien le mécanisme qu'un résultat inverse a pu être obtenu.

Qu'importe en effet qu'en se servant d'éléments ne reposant que sur des bases tout à fait incertaines on arrive à établir que la Boulangerie de Paris vend à moins bon compte un quart de la consommation, quand il est incontesté qu'elle débite les trois autres quarts à bien meilleur compte ?

La forme du pain et le mode du débit à Bruxelles diminuent le prix de revient.

La différence dans le prix du pain s'augmente encore en faveur du consommateur parisien, si l'on considère la forme du pain belge et la manière dont s'en opère la vente.

Le pain est d'une forme unique, ronde et épaisse ; les boulangers n'ont point, comme à Paris, à se soumettre aux exigences très-variées des pratiques. Les pains sont mis au four de façon à se toucher ; c'est autant de gagné sous le rapport de l'évaporation. Les pains qui sont de deux et trois livres, sont vendus entiers et jamais coupés.

Toutes ces causes réunies donnent au boulanger belge l'avantage d'au moins deux centimes par kilogramme, avantage qui, joint aux 5 francs, donnés en plus pour sa prime de cuisson, permet d'affirmer que le *consommateur parisien* est favorisé d'une différence de 4 centimes 50 mill. par kilogramme.

On a essayé à Bruxelles d'installer une grande manutention connue sous le nom de *Boulangerie économique*. Le rapport reconnaît (page 235) que la société par actions, fondée en 1854, a perdu, lors d'une première liquidation, 92 p. 100 du capital primitif. Nous nous sommes assurés, sur place, que les actions ne trouvent aujourd'hui acheteurs à aucun prix.

La population de Bruxelles, et notamment la classe ouvrière, ne consomme pas de pain de ménage; il n'y a que les boutiquiers, les commerçants, la classe moyenne en un mot, qui consomme le pain de ménage. Rien d'étonnant à cela : l'ouvrier semble, à Bruxelles comme à Paris, avoir renoncé à faire des économies sur le pain. *La qualité du pain remplace pour lui les aliments plus succulents qui entrent dans la nourriture de la classe aisée.* Il réalise ainsi sur l'ensemble de sa nourriture une économie réelle.

C'est donc un tort de reprocher à la réglementation d'empêcher la consommation du pain de ménage par la population; le pain de ménage est dédaigné parce qu'il est moins bon et moins nourrissant.

Ce fait économique, loin d'être imputable aux boulangers de Paris, révèle seulement une habitude sage qui tend à se généraliser partout dans l'alimentation de l'ouvrier.

En résumé, le **pain belge est de qualité inférieure et se vend plus cher que le pain de Paris.**

§ II — LA BOULANGERIE A LONDRES

COMPARAISON AVEC LA BOULANGERIE DE PARIS

Il n'y a entre l'Angleterre et la France aucune ressemblance en ce qui touche le commerce des grains et farines. La France est un pays de production; l'Angleterre, au contraire, est un pays d'entrepôt. Jamais en France le commerce, à de très-rares exceptions près, ne songera à entretenir de grands approvisionnements, tandis qu'en Angleterre les approvisionnements existent tout naturellement, et s'accumulent par la force des choses et sous l'impulsion du génie commercial et des besoins de la nation.

Si le régime de liberté absolue triomphait en France, l'approvisionnement disparaîtrait immédiatement. Cette simple considération démontre que le Rapport a tort de s'étonner de ce qu'en France le peuple soit disposé trop facilement à crier *à l'accapareur,* alors qu'en Angleterre l'existence de grands approvisionnements ne trouble pas sa quiétude, même dans les moments de cherté. Cet état de choses tient à la disposition d'esprit de chacun des deux peuples. Le peuple anglais contemple de grands amas de denrées avec la même satisfaction que le peuple en France contemple de belles moissons. Les Anglais savent tous que les accapareurs contribuent pour les deux tiers à leur approvisionnement, et que sans eux ils auraient la famine.

Nous avons encore remarqué une grande différence dans les relations entre propriétaires et locataires de boutiques.

A Paris, la Boulangerie n'est limitée que par la volonté de l'administration, et encore un grand nombre de propriétaires ne demandent pas mieux, quand ils y ont intérêt, que de donner à leurs locataires un concurrent, soit dans une propriété voisine, soit dans le même immeuble. Nos journaux judiciaires sont remplis de contestations de cette nature. Ce n'est qu'à cause de la limitation que la Boulangerie est à l'abri de cet inconvénient.

A Londres, rien de pareil.

La boulangerie est limitée par la force des choses.

Il y a de grands propriétaires qui possèdent des rues, des quartiers tout entiers. Ces propriétaires ne consentent jamais à faire une location qui puisse, par le voisinage, porter préjudice à un locataire ancien. Ce mode paternel de gestion des grands propriétaires anglais établit une limitation *de fait* pour les boulangeries situées dans les principaux quartiers de Londres.

On nous a également assuré que les générations se succédaient dans la même industrie, dans la même boutique, sans que le taux du loyer fut modifié.

Aussi les loyers sont-il à Londres inférieurs à ceux de Paris; ce qui est reconnu par le Rapport. Ils sont de 25 à 120 livres par année (de 625 à 3,000 francs).

Quant à la situation de la Boulangerie, elle est en général peu brillante; à peine un sixième des boulangers sont-ils à leur aise. Un très-grand nombre ne sont que les gérants des établissements qu'ils exploitent. La meunerie exerce un grand empire sur la majorité des petits établissements.

C'est un fait fâcheux, car il est reconnu qu'une profession indépendante achète à meilleur compte la farine et par suite fait baisser le prix du pain.

Il existe en Angleterre des habitudes commerciales pour le débit qui ne seraient pas tolérées en France. M. Le Play en parle avec une bien *grande indulgence :*

« D'autres boulangers, dit-il, sans recourir à des moyens formellement con-
« traires à la probité, cherchent à attirer, par diverses manœuvres, les clients
« crédules ou peu réfléchis. Ainsi, ils affichent en gros chiffres à 4 pence 1/2
« le pain que leurs confrères vendent 5 pence, *mais ils réduisent dans une*
« *proportion correspondante le poids réel du pain* (1) ; ailleurs, ils affichent à
« 5 pence le pain qu'ils vendent 5 pence 1/2 ; et quand l'acheteur, attiré
« dans la boutique, réclame contre le supplément demandé, on lui fait
« remarquer que la fraction se lit sur l'affiche en caractères microsco-
« piques, à côté du 5 colossal ; on l'invite en outre à considérer combien
« le pain de la boutique est supérieur à ceux qu'on vend dans le voisinage
« au même prix, etc... »

Mode de débit qui ne serait pas toléré en France.

Pour compléter le tableau, il faut ajouter que, bien qu'affiché à un prix visible à l'extérieur, le pain de même qualité se vend dans la boutique à des prix inégaux. *Le boulanger vend plus cher quand il vend à crédit.*

Il perçoit également un supplément quand il porte en ville.

Le consommateur anglais ne choisit pas son pain. Il prend celui que lui donne le boulanger. Les pains sont placés hors de la portée du public. Le boulanger pique avec une sorte de fourchette à deux dents un pain de l'espèce qui lui est demandée, et le remet. Il ne s'inquiète pas du goût de l'acheteur.

Les pains ne sont jamais coupés.. Un anglais n'achète une fraction de pain que quand il n'a pas assez d'argent pour acheter le pain entier. On nous a dit qu'il ne se vendait pas dans tout Londres pour 10 francs de pain fractionné par jour.

Le boulanger anglais évite ainsi les déficits qui grèvent le débit du boulanger parisien ; celui-ci doit laisser chaque pratique faire un choix minutieux, et même presser la croûte pour voir si elle bien venue ; il doit, en outre, débiter son pain par les fractions les plus minimes.

Les ouvriers de Paris ne manquent même jamais, pour avoir le bénéfice *du trait,* de prendre du pain seulement pour chaque repas.

Nous avons trouvé la même désillusion quant à la qualité, qui est appréciée avec beaucoup trop de faveur par le Rapport.

(1) Ce procédé tomberait en France très-probablement sous l'application de la loi de 1851.

Le pain anglais n'est très-certainement pas comparable au pain de Paris.
Sa forme est celle d'un *pavé;* il n'a de croûte que sur le côté qui touche
l'âtre du four et sur la partie supérieure. Tous les pains sont placés de manière à se toucher; au sortir du four ils sont tous *baisés sur quatre faces* (1).
Cette façon de procéder retient dans le pain une plus grande quantité d'eau.
Bien plus, pour éviter l'évaporation, les boulangers de Londres mettent tout
à l'entour du four des bûches mouillées qui empêchent les pains de la der-
nière rangée de prendre de la croûte sur le côté qui touche la circonférence
du four.

Sous quelle forme se consomme le pain en Angleterre et à Paris.

Quant à la consommation du pain, elle entre dans l'alimentation du
peuple de Londres pour une quantité qui n'est point inférieure aux proportions pour lesquelles elle figure dans l'alimentation de Paris. On pensait
à tort le contraire.

Les Anglais mangent du pain à chaque instant. Ils le découpent en pe-
tites tranches, et le consomment en *beurrées* avec tous leurs autres aliments.
Leur pain compact est donc approprié à son emploi dans leur nourriture.

A Paris, le pain se consomme autrement : une partie est convertie *en
soupe.* Poreux, privé d'eau par une cuisson plus complète, il s'imprègne de
bouillon.

On ne pourrait faire de bonne soupe avec le pain anglais.

Eloignement de la classe ouvrière pour le pain de ménage.

M. le conseiller Le Play a reconnu comme nous le rôle important que joue
le pain dans l'alimentation anglaise ; mais il commet une erreur quand il
affirme que la classe inférieure a une préférence pour le pain de ménage.

Le contraire est vrai : ainsi *les pays manufacturiers,* où se trouve une
nombreuse population ouvrière, *consomment plus particulièrement du pai
blanc.*

Les ouvriers ne veulent pas de pain intermédiaire.

Les troupes et les prisonniers consomment du pain blanc. Il y a trois ou
quatre ans, les troupes recevaient du pain bis; mais lord Duncan s'est
élevé contre l'inconvenance d'un système qui nourrissait mieux le prisonnier
que son gardien, et il a été fait droit à sa réclamation.

A Londres comme à Bruxelles ce sont les classes moyennes, qui mangent le pain de ménage, dont la consommation, au surplus, diminue de
jour en jour.

(1) « Le pain ordinaire de quatre livres, nommé *loaf,* est façonné en masses cubiques que l'on
« accole les unes aux autres, de manière qu'il n'existe de croûte que sur les surfaces supérieures
« et inférieures. » (*Extrait du rapport,* page 246.)

Tous les boulangers que nous avons interrogés sont unanimes sur ce point. « Les ouvriers, disent-ils, n'en mangent que malgré eux et à leur « corps défendant (1). »

C'est absolument comme à Paris.

Au lieu d'attribuer à la limitation le dédain qu'éprouve de plus en plns la classe ouvrière de Paris pour le pain bis, il aurait peut-être été préférable de chercher ailleurs les causes de ce phénomène. Nous l'avons expliqué tout à l'heure par le penchant au bien-être; mais on peut dire aussi que l'amour-propre de l'ouvrier s'en mêle. Il suffit qu'un seul ait du pain blanc à l'atelier pour que tous ses camarades en prennent aussi. Cette cause, dont on ne saurait sans injustice faire remonter la responsabilité à la réglementation, joue peut-être un rôle plus important qu'on ne croit dans la question.

Il nous reste à examiner l'allégation que nous trouvons reproduite en divers endroits du Rapport.

« Le pain, dit M. le rapporteur, est moins cher à Londres qu'à Paris. »

Nous affirmons, nous, que le pain est plus cher à Londres qu'à Paris.

Le pain est plus cher à Londres qu'à Paris.

Nous invoquons d'abord, à l'appui de cette assertion, le Rapport lui-même, qui reconnaît (2) que le boulanger de Paris livre *le pain usuel à 3 centimes moins 2 millièmes meilleur marché que le boulanger de Londres,* et que ce pain figure pour 73 p. 100 dans la consommation parisienne et 45 p. 100 seulement dans la consommation de Londres.

En d'autres termes, *nous vendons à meilleur compte qn'à Londres, d'après le Rapport, les trois quarts environ du pain par nous fabriqué.*

Nous pourrions nous en tenir là; mais les expériences que nous avons faites, et dont nous garantissons, comme praticiens, la scrupuleuse exactitude, nous donnent bien plus raison contre le Rapport que le Rapport lui-même.

Nous nous sommes rendu compte, en prenant en considération la quantité et le prix des éléments qui entrent dans la panification anglaise, *du prix de revient.* Nous avons comparé ce *prix de revient* avec la recette réalisée par le débit, et nous avons acquis ainsi la certitude que le bénéfice du boulanger anglais était de beaucoup plus considérable que le nôtre.

(1) Voir aux annexes de ce travail.

(2) Voir les tableaux, pag. 18 et 20 du deuxième Rapport.

Voici au surplus notre expérience :

1 sac de farine de 127 kilog. vaut en Angleterre.....	57 fr.	50 c.
7 kilog. de pommes de terre........*Id*............	»	60
3/4 de levure,..................*Id*............	»	40
1/2 livre d'alun..................*Id*............	»	15
1ᵏ,500 de sel....................*Id*............	»	04
Prix de revient....................	58 fr.	69 c.

RECETTE du pain vendu (93 pains de 4 livres anglaises, à raison de 7 1/2 *pence* (77 centimes 1/2)............. 71 — 85

Bénéfice du boulanger ou prime de cuisson.......... 13 fr. 16 c.

Or, si un sac de 127 kilogrammes donne 13 fr. 16 c. de prime de cuisson, le sac de 157 kil. devrait donner à Paris 16 fr. 26 c.

Il ne donne que 11 fr.

En d'autres termes, le boulanger anglais a une prime de cuisson de..................................... 10 fr. 36 c. *par quintal;*

Le boulanger parisien n'a que..................... 7 »

L'écart entre le prix de revient de la farine et le prix du pain est donc, par quintal, plus considérable à Londres qu'à Paris de................................. 3 fr. 36 c.

Par quels calculs le deuxième Rapport a-t-il pu arriver à une conclusion opposée ?

Ce résultat d'ailleurs n'a rien d'étonnant.

Le sel, qui coûte à Paris 24 cent. le kilo, coûte à Londres 2 cent. 1/2; la pomme de terre et l'alun coûtent moins cher que la farine, etc.

Ajoutons que *la forme du pain à Paris entraîne une évaporation supérieure de 95 à 100 grammes par kilogramme* (1).

---

(1) Cette différence d'évaporation est considérable. Elle a été chez M. Graisford de 100 grammes par kil. Nous avons fait cuire côte à côte des pains de forme anglaise et des pains de forme française, *tournés* par nous-mêmes, avec des dimensions inférieures même en longueur aux dimensions des *pains taxés* de Paris. Les pâtes étaient identiques. L'expérience a été concluante.

Il nous semble inutile de rappeler que l'évaporation de l'eau n'entraîne aucune perte dans les éléments nutritifs du pain.

Voici le tableau exact des causes qui augmentent considérablement la prime de cuisson du boulanger de Londres.

Nous recommandons à Votre Excellence l'examen de ces chiffres qui n'ont pas joué dans le Rapport le rôle qui leur appartient.

1° Le kilogramme de farine coûte au boulanger anglais, à raison des éléments qui entrent dans la composition du pain anglais, 3 centimes 36 par kilogramme de moins qu'il ne coûterait à Paris, ce qui fait une différence par kilog. de pain de 2 e. 58 mill., ci...................... 2   58

2° Le pain n'étant pas vendu par fractions, le boulanger anglais bénéficie du *trait*, soit 2 centimes, ci........................, 2

3° La paye des ouvriers étant, au maximum, en Angleterre, de 24 francs par semaine, au lieu de 30 francs, chiffre minimum représentant la semaine d'un ouvrier boulanger à Paris; en d'autres termes, l'ouvrier anglais gagnant 1 franc ou 1 franc 10 centimes de moins par jour;

4° Le gaz coûtant à Londres 2 centimes 50 mill., au lieu de 30 centimes le mètre cube;

5° Les loyers étant moins élevés;

6° La forme des pains anglais, le mode de placement dans le four étant contraires à l'évaporation et retenant une plus grande quantité d'eau;

Nous pensons que ces quatres causes réunies constituent pour le boulanger anglais un profit minimum de 1 centime par kilogramme, ci..., 1

Total............... 5   58

Le boulanger anglais a donc sur chaque kilogramme de pain un bénéfice supérieur au nôtre de 5 centimes 58.

Nous aurions pu faire figurer au même chapitre les 5 centimes qui sont prélevés supplémentairement par kilogramme sur le pain porté en ville; mais comme nous avons rencontré quelques boulangers qui ne perçoivent pas ce supplément, nous le laissons de côté.

Pour ne pas allonger indéfiniment nos observations sur la boulangerie de Londres, nous omettons de réfuter plus d'une autre partie du Rapport.

Ainsi, M. le conseiller Leplay, parlant des rapports entre les ouvriers et les patrons anglais, paraît avoir oublié que ce système a été jadis pratiqué dans notre corporation et n'a été définitivement abandonné qu'en 1816 ou 1818. L'ouvrier parisien est rempli du sentiment de sa dignité;

il redoute tout ce qui peut donner aux services qu'il rend les apparences de la domesticité. Il travaille bien mieux que l'ouvrier anglais et n'est point apte à tout faire comme celui-ci, il a sa spécialité.

Nous aurions pu encore démontrer à Votre Excellence que l'habitude de faire cuire les mets chez les boulangers anglais se perd peu à peu; les Anglais commencent à faire usage de petits fours en fonte qui atteignent le but à meilleur compte.

En résumé, **à Londres le pain est beaucoup plus cher qu'à Paris, moins nutritif, impropre à la soupe et de moins bonne qualité.**

§ III. — CONSIDÉRATIONS GÉNERALES ET RESUME.

Le Rapport parle à diverses reprises de l'avantage que trouve le public dans le rapprochement et la multiplicité des boulangers, conséquence de la liberté de cette industrie.

C'est une objection qui, pour être ramenée à sa valeur, n'a de portée décisive que contre le système qui tendrait à centraliser la fabrication du pain dans les mains de quelques spéculateurs. Il suffit d'ouvrir les yeux pour être convaincu qu'à Paris les boulangers sont, dans l'état de réglementation, suffisamment à portée du consommateur. La population parisienne, à raison de la hauteur des maisons, est très-agglomérée ; c'est ce qui explique que, quoique limités, les boulangers de Paris sont néanmoins sous la main de la clientèle.

Nous avons fait justice du reproche immérité qui est fait à la réglementation d'empêcher la consommation du pain de ménage. A Bruxelles, comme à Londres, cette consommation diminue. Si elle est presque nulle à Paris, c'est parce que le public y est plus délicat sur tout ce qui touche à sa nourriture, et surtout parce qu'il trouve son avantage dans la consommation du pain blanc.

Enfin, nous avons prouvé, sans crainte d'être démentis, que nous fabriquions le pain à meilleur marché que nos voisins; nous avons prouvé que le pain de Paris était de qualité supérieure (1).

Que reste-t-il donc contre le principe de l'organisation ?

Rien, selon nous.

(1) Il est évident que l'état de gêne où nous sommes tous est la meilleure preuve que nous ne gagnons pas d'argent, ou, pour généraliser la pensée, que nous vendons à trop bon marché.

La réglementation assure l'approvisionnement;

La qualité du pain ;

Le bon marché ;

Maintient entre l'administration et le public une classe de commerçants qui exonère celle-ci de toute responsabilité dans les disettes ;

Qui perçoit gratuitement l'épargne publique dans les temps d'abondance ;

Qui a toujours rempli ses devoirs dans les moments les plus difficiles ;

Et qui n'a d'autre ambition que de vivre de sa profession !

La limitation des ateliers qui constitue un privilége a pour correctif la taxe qui restreint le bénéfice.

C'est donc le public qui profite de la limitation !

Quant à nous qui, dans ces dernières années, avons souvent eu la douleur de voir méconnaître nos efforts par quelques-uns de nos confrères, aigris, parce qu'ils étaient froissés comme nous tous dans leurs intérêts les plus légitimes par des charges nouvelles imposées sans compensations, nous défendons l'organisation de la Boulangerie parce que l'expérience de plus d'un demi-siècle nous a appris que l'œuvre du premier Consul était au-dessus d'un courant passager d'opinion.

Nous savons que si nous étions libres demain, nous serions réorganisés après-demain ; tant il nous semble impossible qu'à Paris on laisse livrée à tous les hasards et à toutes les incertitudes la fabrication du pain !

Nous ne voulons pas payer les frais de l'expérience.

Aussi, bien que nous attendions encore l'amélioration par nous réclamée depuis si longtemps en compensation des charges que nous supportons dans l'intérêt public, n'hésitons-nous pas à clore ce travail par les paroles de M. Nevill (1), sur le compte duquel le Rapport (page 210), s'exprime en termes si flatteurs :

« La liberté est contraire à la bonne alimentation et à la qualité. Elle ré-
« duit peut-être les prix sur certaines sortes, mais cette différence est lar-
« gement compensée par la qualité et la fabrication. — L'intérêt général
« réclame la taxe et la limitation. »

Nous sommes avec respect, Monsieur le Ministre, vos très-humbles et très-obéissants serviteurs.

**TIXIER, MALGRAS, FÉLIX, LAMARRE,
DEYROLLE, CHICANDARD, SIMON.**

---

(1) « Commerçant aussi prudent qu'habile. »

ANNEXES

Nous croyons ne devoir publier que le procès-verbal de nos expériences chez M. Graisford.

Nous sommes allés chez un grand nombre de boulangers, qui ont témoigné à notre égard une extrême bonne volonté, et qui, aussitôt qu'ils nous avaient reconnu comme confrères, montraient dans leurs renseignements la plus grande franchise.

Expériences faites par les Syndics avec le concours de M. GRAISFORD, boulanger à Hoxton, 11, Pitfield street, et ses ouvriers.

Composition de la farine :

		Prix.
1 sac de farine de 127 kilogrammes.......	57 fr.	50
14 livres de pommes de terre...........		60
3/4 de levure..........................		40
1/2 livre d'alun.......................		15
1 kilogramme de sel...................		10
Total......	58 fr.	75
Pain vendu (93 pains de 4 livres anglaises).	71	85
Bénéfice du boulanger anglais..........	13 fr.	10

La livre anglaise correspond à 453 grammes 50 centigrammes.

7 kilogrammes de pommes de terre, à 50 francs les 130 kilogrammes, coûtent 54 centimes.

Quand on fait cuire des pommes de terre pour les convertir en pain l'évaporation est de 40 p. 100 ; de sorte que 7 kilogrammes de pommes de terre réduites donnent 4 kilog. 24 de pain fabriqué.

Si au lieu d'employer la pomme de terre on eût fait usage de farine, il en eût fallu 3 kilog. 300 grammes pour avoir la même quantité de pain.

Or, comme la farine, à raison de 60 fr., coûte 38 cent. 2 mill. le kilog., cela fait 1 fr. 22 c. de farine que l'on eut employé.

Différence .... 67 c. pour 127 kilog.
ou .... 83 —   157

---

280 livres anglaises de farine égalent 127 kilog. ; 127 kilog. de farine fabriqués en pain anglais, avec addition de tous les ingrédients, font 93 pains de 4 livres, poids anglais, ou .... 168 kilog. 720 grammes
à déduire pour ingrédients, alun, pommes de
terre .... 4 — 277

Reste .... 164 kilog. 443 grammes

Or, si 127 kilog. donnent 164 kilog. 443 grammes 157 kilog. donnent 203 kilog. 28 grammes.

DÉTAILS DE LA FABRICATION.

Sel et alun, 3 livres anglaises ;
3 gallons d'eau (un gallon correspond à 4 litres 543 millièmes) ;
Pour pétrir sur deux levains.
Le délayage du levain avant le mélange a duré 7 minutes.

Le ferment se prépare d'abord à sept heures du soir de la manière suivante :

On se sert de la pomme de terre cuite, dans la proportion indiquée plus haut, à laquelle on ajoute le malt et deux livres (anglaises) environ de farine, ce qui donne au tout une apparence de bouillie qui fermente douze heures. Le levain se fait à sept heures du matin. A cet effet l'on ajoute à la préparation ci-dessus indiquée une certaine quantité d'eau et de farine, de manière à obtenir une pâte soutenue (ferme). Ce travail dure douze à quinze minutes. Ce seul levain apprêté pendant quatre heures, à onze heures commence le pétrissage de la fournée : il se fait à deux et dure dix à douze minutes. Au préalable, on fait dissoudre dans l'eau qui doit servir au pétrissage les quantités de sel et d'alun que l'on veut introduire dans la pâte. Cette dissolution demande cinq à six minutes. Le pétrissage fini, on laisse fermenter la pâte pendant deux heures ; on la refoule alors et on la laisse de nouveau fermenter pendant une heure.

La pâte ainsi fermentée est retirée du pétrin, déposée sur une table, découpée, pesée et tournée. Cette opération du tournage est double. La pâte de chaque pain est d'abord moulée, aplatie et roulée.

Au moment de la mise au four chaque pain est de nouveau remanié ; on lui donne alors la forme voulue et l'on enfourne de suite.

Les pains sont mis au four tellement rapprochés les uns des autres, que tous se tiennent et que les 150 pains de chaque fournée ne paraissent n'en faire qu'un.

La durée de cuisson est d'environ cinq quarts d'heure.

COM EXCHANGE, MARK LANE.

Londres, 8 décembre 1860.

A M. D. Straus, pour la députation des Boulangers de Paris actuellement à Londres.

Nous, soussignés, négociants en farine et boulangers de la Cité de Londres, sommes d'opinion que depuis les quelques dernières années la consommation des pains de qualité inférieure a diminué dans la proportion d'environ 25 p. 100 en faveur de la qualité réellement bonne ; que la classe ouvrière et la classe moyenne, qui antérieurement étaient satisfaites de la qualité inférieure, la refusent de plus en plus, pour ne manger que du pain réellement de bonne qualité.

(Suivent les signatures.)

L'original en anglais est dans nos mains.

ERRATA.

Dans la note qui précède celle-ci, il faut lire, page 8, à partir de la ligne 15 :

A PARIS.

« Le prix du kilogramme de farine étant de............ 0 362
« Le prix du Kilogramme de pain est de............... 0 427

                    « Écart en plus............... 0   6 centimes et demi.

A BRUXELLES.

« Le prix du kilogramme de farine étant de............ 0 379
« Le prix du kilogramme de pain est de............... 0 364

                    « Écart en moins............. 0 15 millièmes.

Dans la même note, il faut lire, page 9, ligne 4 :

« Seulement à raison de ce que sa fabrication exige plus de soin, et de ce que sa forme très-
« allongée entraîne une bien plus grande évaporation, il ne pèse pas le poids exact, etc., etc. »

Imprimerie de Pillet fils aîné, rue des Grands-Augustins, 5